쉬운 EASY 베스트 뉴바이엘 1

일신서적출판사

차례

부록 – 이론공부

피아노에 앉는 바른 자세

어깨에 힘을 빼고
바르게 앉으세요.

허리는 자연스럽게
펴고

팔꿈치는 건반 보다
아래로 내려오지
않도록 하세요.

발이 바닥에 닿지
않으면 발판을
사용하세요.

피아노를 치는 손 모양

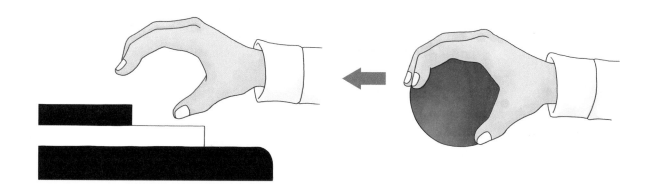

둥근 손 모양 그대로 건반에
살짝 올려놓으세요.

손가락에 힘을 빼고, 작은 공을
가볍게 쥐는 둥근 손 모양

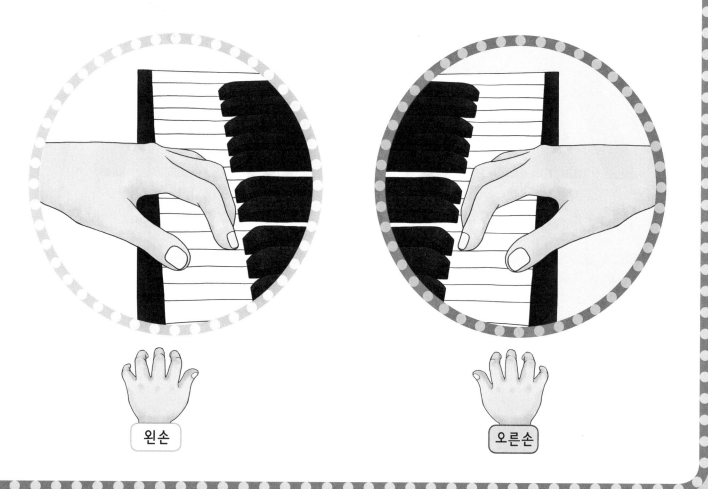

왼손

오른손

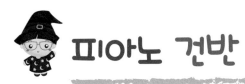

피아노 건반

피아노는 흰건반과 검은건반으로 되어 있습니다.
흰건반과 흰건반 사이에 검은건반이 있습니다.

검은건반은 2개씩
또는 3개씩 짝을
이루고 있어~

가운데
도

 열쇠 구멍이 있습니다.

 Tip '가운데 도'를 '가온 도'라고도 합니다.

피아노를 치는 손가락 번호

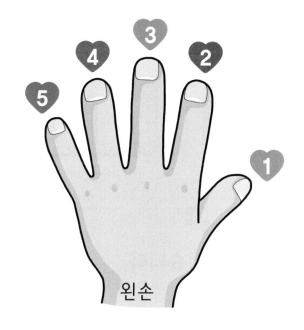
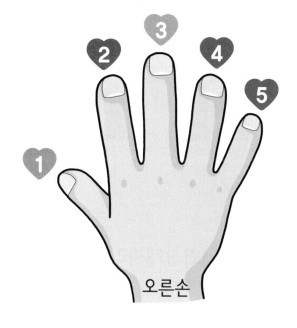

왼손

오른손

 ## 피아노 건반과 양손자리

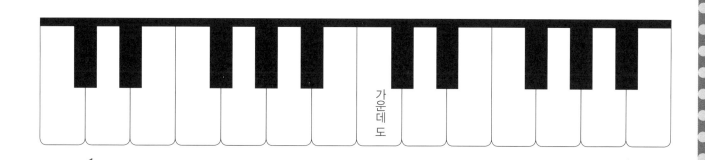

가운데 도

점점 낮은 소리가 납니다.　　　점점 높은 소리가 납니다.

왼손으로 칩니다.　　　오른손으로 칩니다.

검은건반 연습

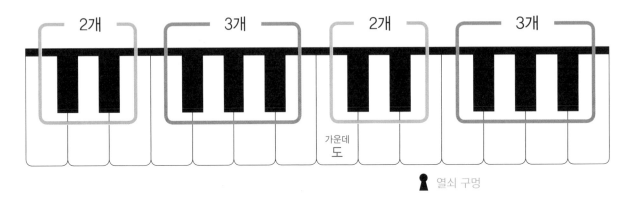

2개짜리와 3개짜리 검은건반이 짝을 이루고 있습니다.

Tip 검은건반 연습은 둥근 손 모양을 만드는데 매우 중요한 역할을 합니다.

검은건반 자리 익히기

두 마리 생쥐

2개짜리 검은건반을 오른손 2, 3번 두 손가락으로 함께 올라가면서 쳐 보세요.
노랫말 "찍찍" 소리를 흉내 내면서 천천히 치세요.

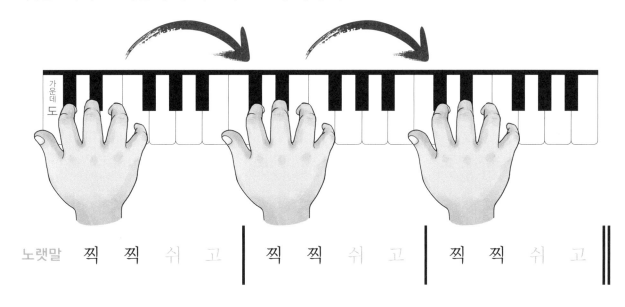

노랫말 **찍 찍** 쉬 고 | **찍 찍** 쉬 고 | **찍 찍** 쉬 고 ‖

고양이 노래

3개짜리 검은건반을 오른손 2, 3, 4번 세 손가락으로 함께 올라가면서 쳐 보세요.
노랫말 "이야옹" 소리를 흉내 내면서 천천히 치세요.

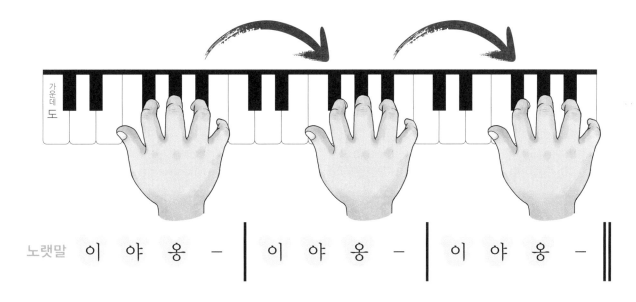

노랫말 **이 야 옹 –** | **이 야 옹 –** | **이 야 옹 –** ‖

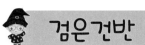 **검은건반** 왼손 2·3번 손가락 연습

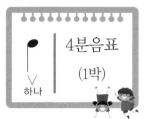

2개짜리 검은건반에 왼손을 올려놓고,
왼손 2·3번 손가락으로 연주해 보세요.

1 왼손 인사

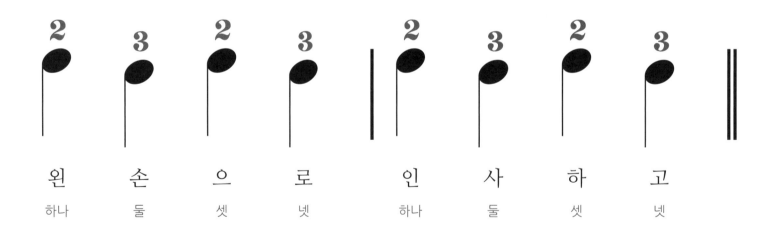

2	**3**	**2**	**3**	**2**	**3**	**2**	**3**
왼	손	으	로	인	사	하	고
하나	둘	셋	넷	하나	둘	셋	넷

 Tip

♩ 는 '4분음표'입니다. 4분음표를 읽을 때는 "하나"라고 읽습니다.

♩ 가 4개 있으면, "하나 둘 셋 넷"으로 읽습니다. 노랫말을 읽으며 손뼉을 치면서 리듬을 먼저 익히세요.

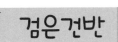 검은건반 오른손 2 · 3번 손가락 연습

2개짜리 검은건반에 오른손을 올려놓고,
오른손 2 · 3번 손가락으로 연주해 보세요.

2 오른손 인사

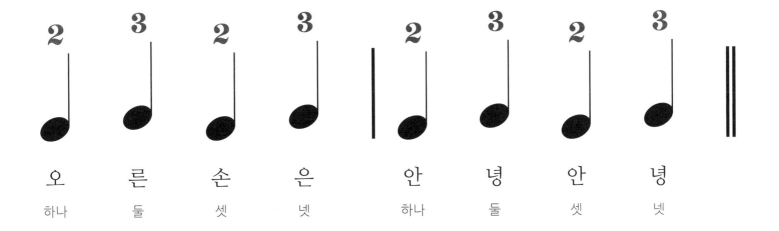

2	3	2	3	2	3	2	3	
오	른	손	은	안	녕	안	녕	
하나	둘	셋	넷	하나	둘	셋	넷	

 ♩모양도 '4분음표'입니다. 잘 치게 되면 1번 '왼손 인사' 노래와 이어서 연습해 보세요.
Tip 둥근 손 모양을 지켜주세요.

2분음표
(2박)

하나 둘

왼손

2개짜리 검은건반에 왼손을 올려놓고,
왼손 2 · 3번 손가락으로 연주해 보세요.

③ 우리는 왼손 친구

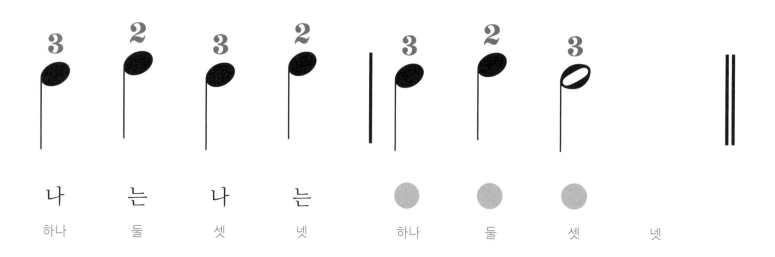

Tip ♩는 '2분음표'입니다. 2분음표 한번 누르는 동안 "하나 둘"과 같이 2박을 셉니다.
노랫말을 읽으며 손뼉을 치면서 리듬을 먼저 익히세요.

2개짜리 검은건반에 오른손을 올려놓고,
오른손 2 · 3번 손가락으로 연주해 보세요.

 4 ## 우리는 오른손 친구

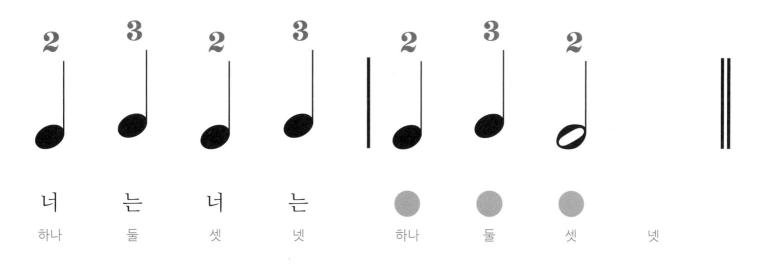

2	3	2	3	2	3	2	
너	는	너	는				
하나	둘	셋	넷	하나	둘	셋	넷

노랫말을 읽으며 손뼉을 치면서 리듬을 먼저 익히세요.
3번 '우리는 왼손 친구' 노래와 이어서 연습해 보세요.

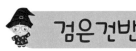 **검은건반** 왼손 2 · 3 · 4번 손가락 연습

3개짜리 검은건반에 왼손을 올려놓고,
왼손 2 · 3 · 4번 손가락으로 연주해 보세요.

5 **돼지 꿀꿀**

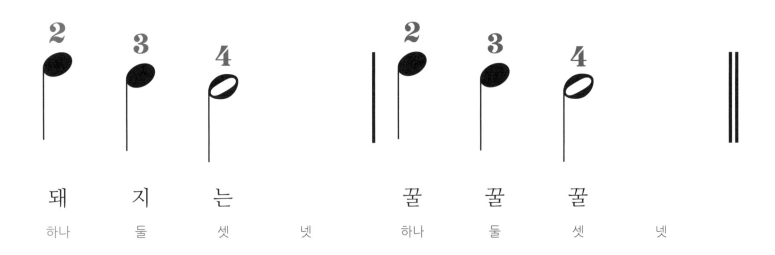

2	3	4		2	3	4	
돼	지	는		꿀	꿀	꿀	
하나	둘	셋	넷	하나	둘	셋	넷

 𝅗𝅥 는 '2분음표'입니다. 2분음표는 "하나 둘" 2박 동안 셉니다.
노랫말을 읽으며 손뼉을 치면서 리듬을 먼저 익히세요. "하나 둘 셋 넷" "하나 둘 셋 넷"과 같이 셉니다.

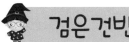 검은건반 오른손 2 · 3 · 4번 손가락 연습

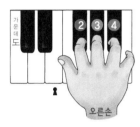

3개짜리 검은건반에 오른손을 올려놓고,
2 · 3 · 4번 손가락으로 연주해 보세요.

6 강아지 멍멍

강	아	지		멍	멍	멍	
하나	둘	셋	넷	하나	둘	셋	넷

노랫말을 읽으며 손뼉을 치면서 리듬을 먼저 익히세요.
5번 '돼지 꿀꿀' 노래와 이어서 연주해 보세요.

 **검은건반** 양손 2 · 3 · 4번 손가락 연습

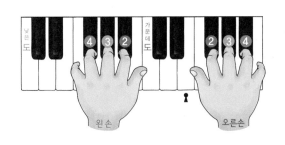

3개짜리 검은건반에 양손을 올려놓고,
양손을 이어서 연주해 보세요.

⑦ 박 노래

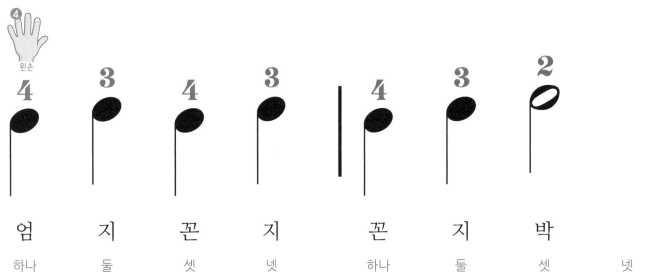

엄	지	꼰	지	꼰	지	박	
하나	둘	셋	넷	하나	둘	셋	넷

Tip 노랫말을 읽으며 손뼉 또는 윷가락을 치면서 리듬을 먼저 익히세요.

오른손

2   3   2   3   4   3   2

대   롱   대   롱   대   롱   박

하나   둘   셋   넷   하나   둘   셋   넷

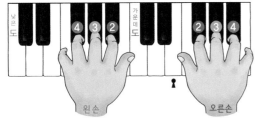

양손을 이어서 연주하세요.

8 팥빙수

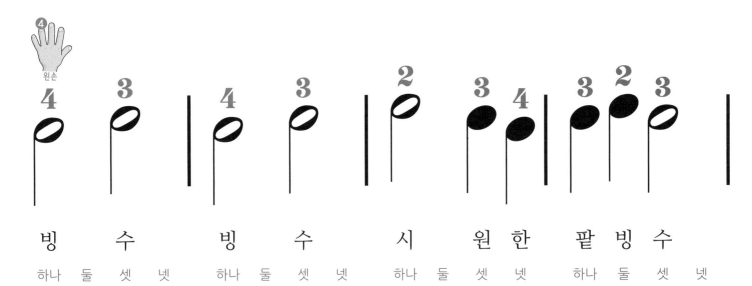

| 빙 | 수 | | 빙 | 수 | | 시 | 원 | 한 | 팥 | 빙 | 수 |

하나 둘 셋 넷　하나 둘 셋 넷　하나 둘 셋 넷　하나 둘 셋 넷

노랫말을 읽으며 손뼉 또는 윷가락을 치면서 리듬을 먼저 익히세요.

o | 온음표
하나 둘 셋 넷 | (4박)

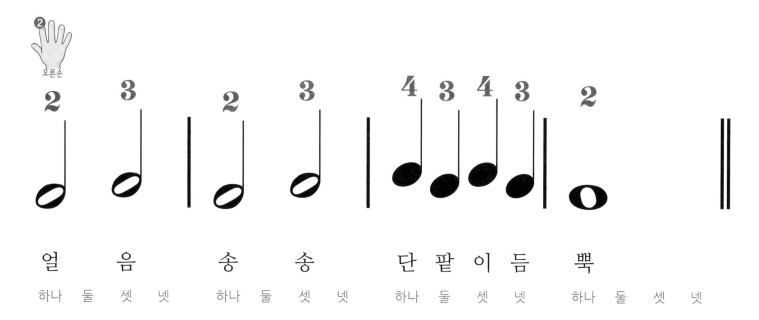

2	3	2	3	4 3 4 3	2	

얼　　음　　송　　송　　단 팥 이 듬　　뿍
하나　둘　셋　넷　하나　둘　셋　넷　하나　둘　셋　넷　하나　둘　셋　넷

Tip

o는 '온음표'입니다. 온음표는 한번 누를 때 4박을 셉니다.
노랫말을 읽으며 손뼉 또는 윷가락을 치면서 리듬을 먼저 익히세요.

흰건반과 다섯 손가락 연습

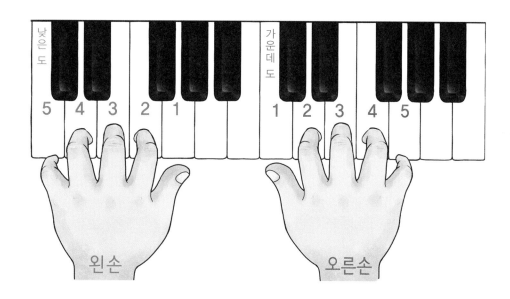

낮은음자리표

높은음자리표

낮은음자리표 𝄢 는
낮은음을 칠 때
사용합니다.

높은음자리표 𝄞 는
높은음을 칠 때
사용합니다.

흰건반에 오른손을 올려놓고,
1 · 2번 손가락으로 연주해 보세요.

9 티라노사우르스

티	라	노		사	우	르	스
하나	둘	셋	넷	하나	둘	셋	넷

♩는 2박입니다.
계이름과 노랫말을 읽으며 먼저 리듬 연습을 하세요.

나 를 보 면 도 망 가

하나 둘 셋 넷 하나 둘 셋 넷

𝄞는 '높은음자리표'입니다.
높은음을 나타낼 때 사용합니다. 오른손으로 치세요.

흰건반 오른손 1 · 2 · 3번 손가락 연습

흰건반에 오른손을 올려놓고,
1 · 2 · 3번 손가락으로 연주해 보세요.

🎀 10 애기 걸음마

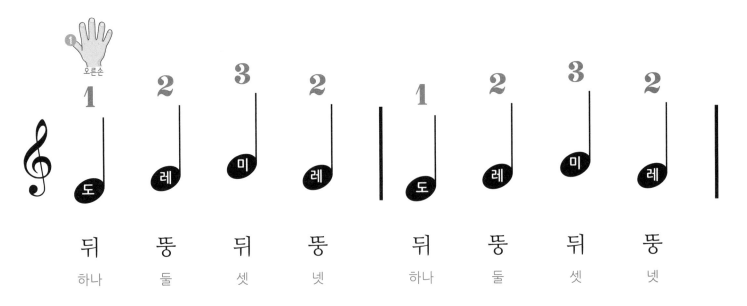

1	2	3	2	1	2	3	2
도	레	미	레	도	레	미	레
뒤	뚱	뒤	뚱	뒤	뚱	뒤	뚱
하나	둘	셋	넷	하나	둘	셋	넷

 Tip

오른손 3번 손가락 '미' 음 건반 자리에 열쇠 구멍이 있습니다.
계이름과 노랫말을 읽으며 먼저 리듬 연습을 하세요.

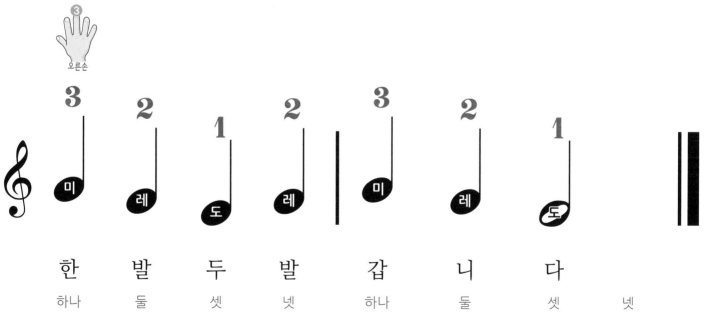

오른손

한 발 두 발 갑 니 다
하나 둘 셋 넷 하나 둘 셋 넷

 Tip 2분음표 ♩의 길이를 정확히 지켜 주세요.

흰건반 오른손 1 · 2 · 3 · 4번 손가락 연습

흰건반에 오른손을 올려놓고,
1 · 2 · 3 · 4번 손가락으로 연주해 보세요.

11 내려갑니다

4	4	4	4	3	3	3	
파	파	파	파	미	미	미	

파	파	파	파	미	미	미	
하나	둘	셋	넷	하나	둘	셋	넷

 Tip 오른손 4번 손가락부터 한 마디씩 내려가면서 연습해 보세요.
계이름과 노랫말을 읽으며 먼저 리듬 연습을 하세요.

마디 | 마디

② 오른손

2 2 2 2 1

레 레 레 레 도

내 려 갑 니 다

하나 둘 셋 넷 하나 둘 셋 넷

Tip 온음표 **o** 한번 누르는 동안 "하나 둘 셋 넷"으로 세어 보세요.

27

흰건반 | 오른손 다섯 손가락 연습

흰건반에 오른손을 올려놓고,
오른손 1 · 2 · 3 · 4 · 5번 다섯 손가락으로 연주해 보세요.

12 시소

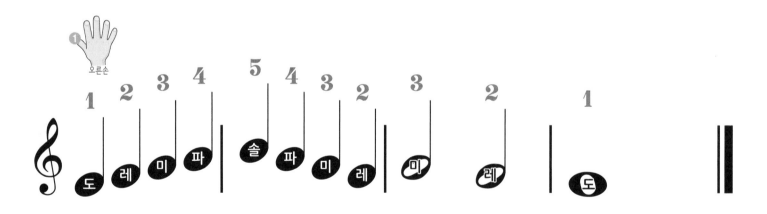

올 라 갔 다   내 려 오 는   시   –   소
하나 둘 셋 넷   하나 둘 셋 넷   하나 둘 셋 넷   하나 둘 셋 넷

시소가 올라갔다 내려오는 모습을 생각하면서, 음을 부드럽게 이어서 연습해 보세요.
계이름과 노랫말을 읽으며 먼저 리듬 연습을 하세요.

28

13 징검다리

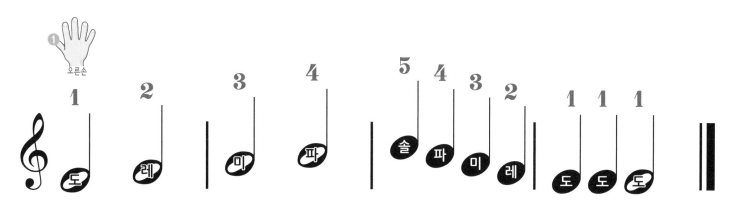

한 발 두 발 징검다리 건너 자

하나 둘 셋 넷 하나 둘 셋 넷 하나 둘 셋 넷 하나 둘 셋 넷

한 마디 안에 2개의 2분음표는 징검다리를 조심조심 건너듯이 "하나 둘 셋 넷"으로 리듬을 세면서 연습해 보세요.

흰건반에 왼손을 올려놓고, 1·2번 손가락으로 연주해 보세요.

음자리표 𝄢를 잘 보고, 왼손으로 연습하세요.

14 이 박 저 박

전래동요

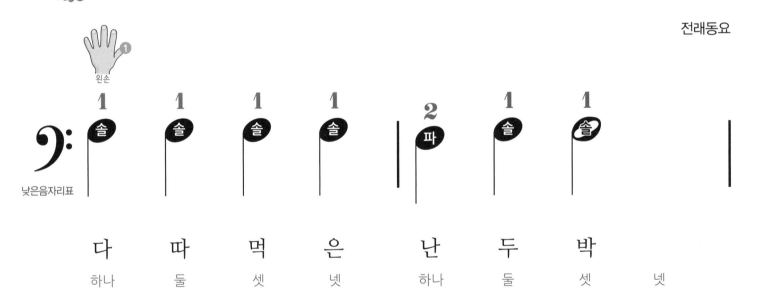

다 따 먹 은 난 두 박

하나 둘 셋 넷 하나 둘 셋 넷

Tip 계이름과 노랫말을 읽으며 먼저 리듬 연습을 하세요.

왼손 1번 손가락은 낮은 '솔' 음자리, 2번 손가락은 '파' 음자리입니다.

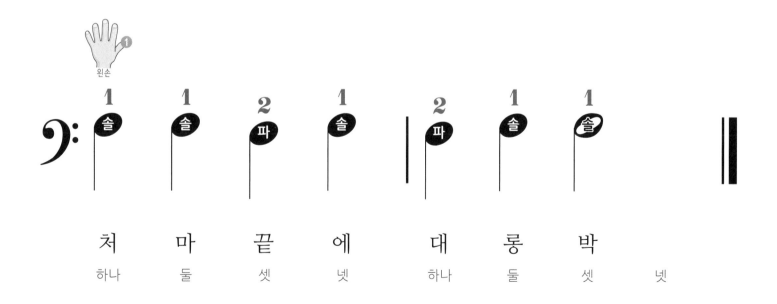

왼손

1	1	2	1	2	1	1	
솔	솔	파	솔	파	솔	솔	

처	마	끝	에	대	롱	박	
하나	둘	셋	넷	하나	둘	셋	넷

𝄢 는 '낮은음자리표'입니다.

낮은음을 나타낼 때 사용합니다. 왼손으로 치세요.

흰건반에 왼손을 올려놓고,
1 · 2 · 3번 손가락으로 연주해 보세요.

15 불자동차

| 불 | 자 | 동 | 차 | 달 | 려 | 간 | 다 |
| 하나 | 둘 | 셋 | 넷 | 하나 | 둘 | 셋 | 넷 |

 Tip 계이름과 노랫말을 읽으며 먼저 리듬 연습을 하세요.

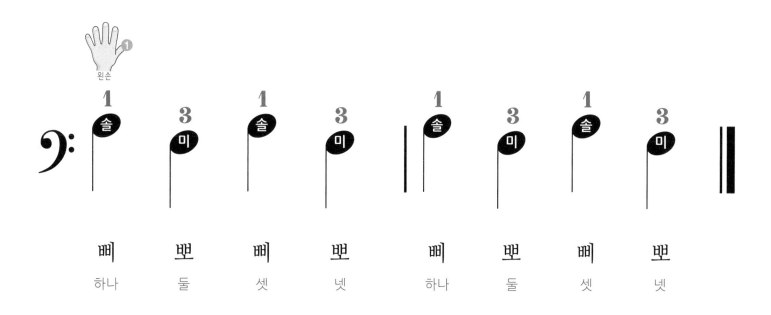

삐   뽀   삐   뽀   삐   뽀   삐   뽀

하나   둘   셋   넷   하나   둘   셋   넷

 왼손 1번 '솔' 음과 3번 '미' 음으로 불자동차 소리를 흉내 낸 것입니다.

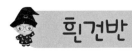

흰건반에 왼손을 올려놓고,
1 · 2 · 3 · 4 · 5번 다섯 손가락으로 연주해 보세요.

16 어깨동무

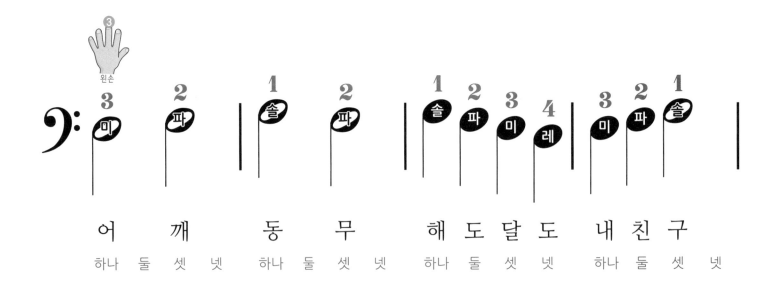

| 어 | 깨 | 동 | 무 | 해 | 도 | 달 | 도 | 내 | 친 | 구 |

하나 둘 셋 넷 하나 둘 셋 넷 하나 둘 셋 넷 하나 둘 셋 넷

 Tip
음을 부드럽게 이어서 연습해 보세요.
계이름과 노랫말을 읽으며 먼저 리듬 연습을 하세요.

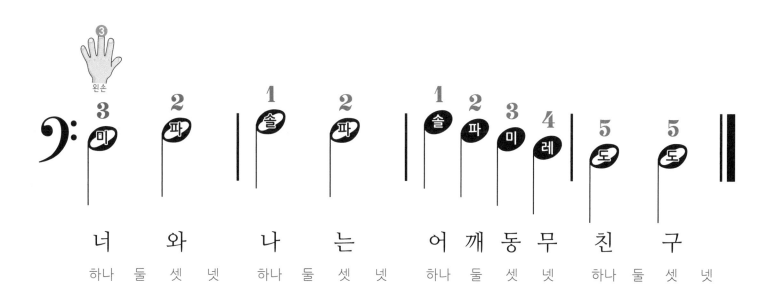

흰건반에 왼손을 올려놓고,
다섯 손가락으로 연주해 보세요.

17 길 조심

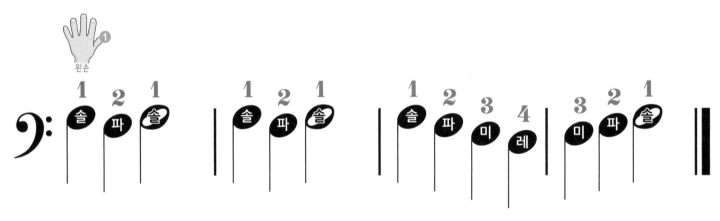

길	조	심	길	조	심	사	고	날	라	길	조	심
하나	둘	셋	넷	하나	둘	셋	넷	하나	둘	셋	넷	하나 둘 셋 넷

음을 부드럽게 이어서 연습해 보세요.
계이름과 노랫말을 읽으며 먼저 리듬 연습을 하세요.

18 빨강 멈춰, 파랑 건너요

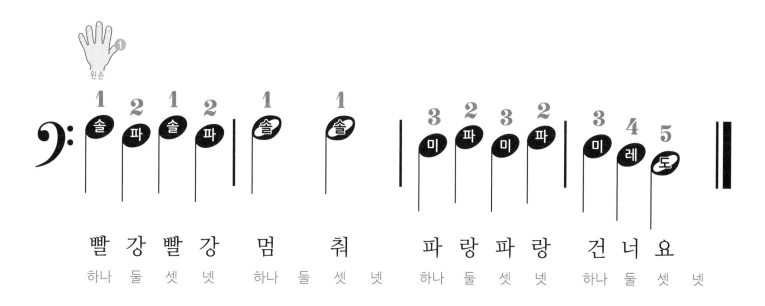

1	2	1	2	1	1	3	2	3	2	3	4	5
솔	파	솔	파	솔	솔	미	파	미	파	미	레	도

빨 강 빨 강 멈 춰 파 랑 파 랑 건 너 요

하나 둘 셋 넷 하나 둘 셋 넷 하나 둘 셋 넷 하나 둘 셋 넷

17번 '길조심' 노래와 이어서 연주해 보세요.
계이름과 노랫말을 읽으며 먼저 리듬 연습을 하세요.

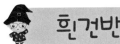

흰건반에 양손을 올려놓고,
왼손에서 오른손으로 이어서 연주해 보세요.

19 핫 크로스 번

외국 동요

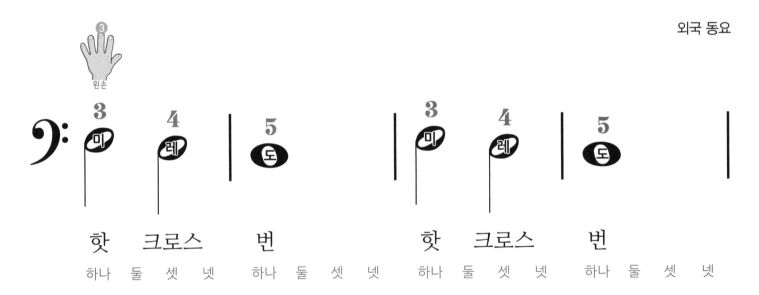

핫 크로스 번   핫 크로스 번
하나 둘 셋 넷 하나 둘 셋 넷   하나 둘 셋 넷 하나 둘 셋 넷

Tip '핫 크로스 번(Hot Cross Buns)'은 가운데 십자가 모양이 그려져 있는 빵을 말합니다.
계이름과 노랫말을 읽으며 먼저 리듬 연습을 하세요.

♩	4분음표 (1박)
♪	2분음표 (2박)
o	온음표 (4박)

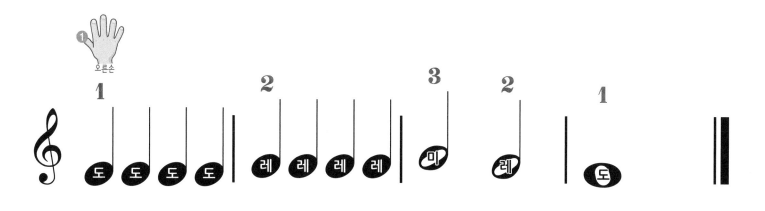

한 개 백 원   두 개 백 원   핫   크로스   번

하나 둘 셋 넷   하나 둘 셋 넷   하나 둘 셋 넷   하나 둘 셋 넷

 왼손과 오른손을 이어서 연주할 때 느려지지 않도록 충분히 연습하세요.

흰건반에 양손을 올려놓고,
왼손에서 오른손으로 이어서 연주해 보세요.

20 누구일까

김성균 작사 · 작곡

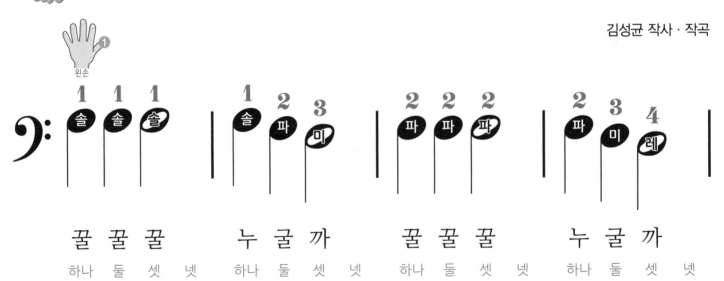

꿀 꿀 꿀　누 굴 까　꿀 꿀 꿀　누 굴 까
하나 둘 셋 넷　하나 둘 셋 넷　하나 둘 셋 넷　하나 둘 셋 넷

Tip　계이름과 노랫말을 읽으며 먼저 리듬 연습을 하세요.

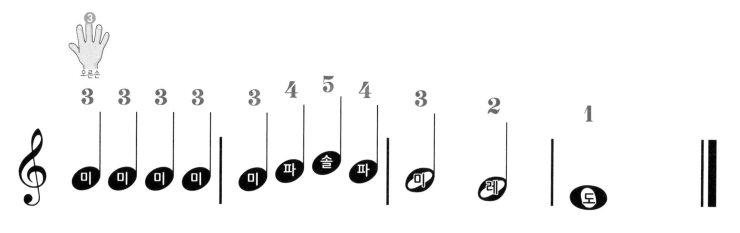

꿀 꿀 꿀 꿀　하 루 종 일　꿀　꿀　꿀

하나 둘 셋 넷　하나 둘 셋 넷　하나 둘 셋 넷　하나 둘 셋 넷

곡이 끝날 때 온음표 𝐨 는 4박을 잘 지켜서 치세요.

흰건반에 양손을 올려놓고,
오른손에서 왼손으로 이어서 연주해 보세요.

21 기쁨의 노래

베토벤 작곡

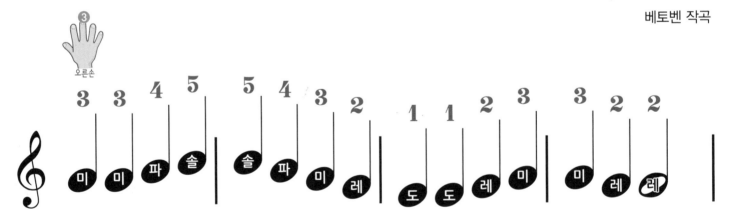

밤 하 늘 에   반 짝 반 짝   작 은 별 들   노 래 해
하나 둘 셋 넷   하나 둘 셋 넷   하나 둘 셋 넷   하나 둘 셋 넷

한 박 한 박씩 천천히 세면서 연습하세요. 계이름과 노랫말을 읽으며 먼저 리듬 연습을 하세요.

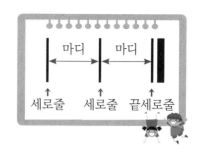

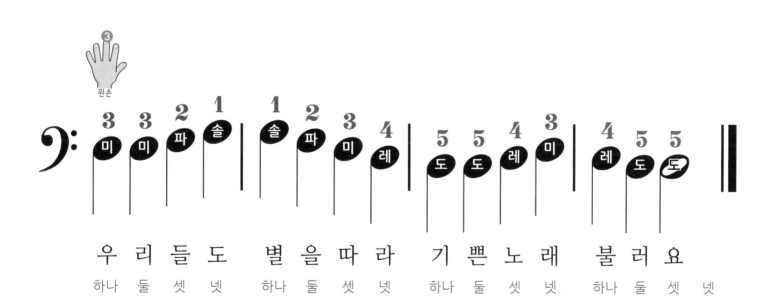

 Tip 외워서 치지말고 음표를 보면서 천천히 연습하세요.

쉼표가 있는 페이지 높은음자리표가 있는 곳으로 찾아가 보세요.

높은음자리보표 연습

오선에 높은음자리표 𝄞가 있는 것을
'높은음자리보표'라고 합니다.

높은음자리보표는 높은음을 나타낼 때
사용합니다.

오선에 높은음자리표 𝄞를 그릴 때는 둘째줄에서 그리기 시작합니다.

둘째줄 →

Tip 음을 나타낼 수 있는 다섯 개의 줄을 '오선'이라고 합니다.

넷째칸 →   ← 다섯째줄

셋째칸 →   ← 넷째줄

둘째칸 →   ← 셋째줄

첫째칸 →   ← 둘째줄

                                                                  ← 첫째줄

높은음자리보표   오른손 '도' 음 자리 연습

오른손을 가운데 도 · 레 · 미 · 파 · 솔 건반자리에 놓고,
1번 손가락으로 연주해 보세요.

22 도깨비 도

도 도 도 도   도 깨 비   금 나 와 라   뚝   딱

 는 '가운데 도' 음입니다. 오른손 1번 손가락으로 '도' 음을 익히세요.
노랫말을 읽으며 먼저 리듬 연습을 하세요.

높은음자리보표 오른손 '도 레 미' 음 연습

오른손을 1번(도), 2번(레), 3번(미) 손가락으로
연주해 보세요.

23 도레도레 친구

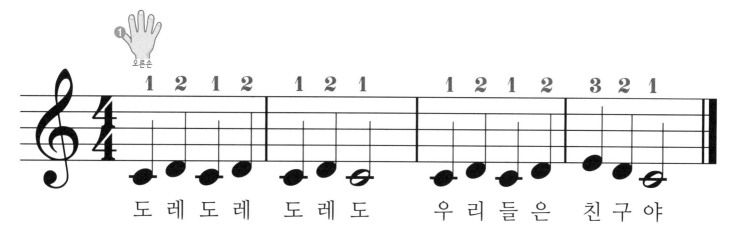

도 레 도 레   도 레 도   우 리 들 은   친 구 야

 반복되는 음의 박자를 잘 지켜서 연습하세요.
노랫말을 읽으며 먼저 리듬 연습을 하세요.

1절 노래가 끝나면 2절 노래도 이어서
연주해 보세요.

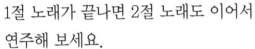 24 **비행기**

윤석중 작사 · 외국 곡

1.떴 다 떴 다 비 행 기 날 아 라 날 아 라
2.내 가 만 든 비 행 기 날 아 라 날 아 라

 외워서 치지 말고, 악보를 보면서 제 박을 잘 지켜서 천천히 연습하세요.
노랫말을 읽으며 먼저 리듬 연습을 하세요.

세로줄 세로줄 끝세로줄

높이높이 날아라 우리비행 기
멀리멀리 날아라 우리비행 기

곡이 끝날 때는 끝세로줄 📊 을 그어서 곡이 끝난다는 것을 알려줍니다.

25 🎼 도레미파솔 노래

도 레 미 파   솔 솔 솔   솔 파 미 레   도 도 도

레   레 레   미 도 레   솔 파 미 레   도 도 도

외워서 치지 말고 각 음의 음 자리를 익히면서 천천히 연습하세요.

노랫말을 읽으며 먼저 리듬 연습을 하세요.

50

26 세 발 자전거

따 르 릉   따 르 릉   조 심 하 세 요

자 전 거   세 바 퀴   굴 러 갑 니 다

노랫말을 읽으며 먼저 리듬 연습을 하세요.

4분의 4박자

4분음표 ♩를 1박으로 하여, 한 마디 안에 4분음표가 4개 들어있습니다.

 박자를 셀 때는 한 마디를 "하나 둘 셋 넷"으로 셉니다.

 박자를 리듬악보로 표시할 때는 다음과 같이 합니다.

Tip 세로줄과 마디

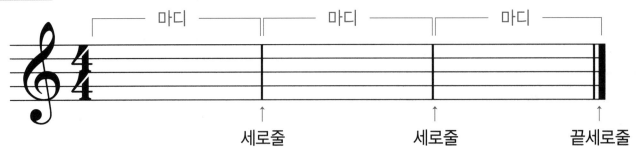

- 세로줄 – 오선에 세로로 그은 줄
- 마디 – 세로줄과 세로줄 사이
- 끝세로줄 – 곡이 끝날 때 사용합니다.

낮은음자리보표 연습

오선에 낮은음자리표 𝄢 가 있는 것을 '낮은음자리보표'라고 합니다.

낮은음자리보표는 낮은음을 나타낼 때 사용합니다.

오선에 낮은음자리표 𝄢 를 그릴 때는 넷째줄에서 그리기 시작합니다.

넷째줄 →

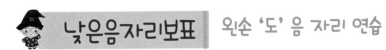

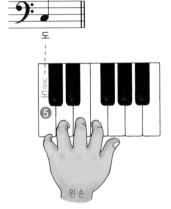

왼손을 낮은 도·레·미·파·솔 건반자리에 놓고,
5번 손가락으로 연주해 보세요.

27 도라지 도

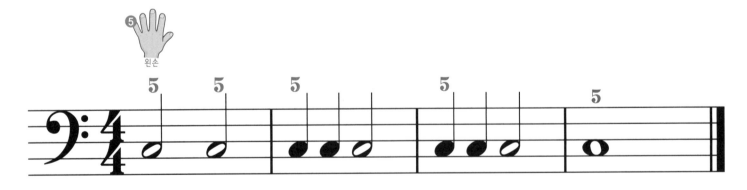

도   는   도 라 지   도 라 지   도

🎼 는 '낮은 도'입니다. 왼손 5번 손가락으로 낮은 '도' 음을 익히세요.
노랫말을 읽으며 먼저 리듬 연습을 하세요.

54

28 𝄢 도레미파솔 노래

도 레 미 파   솔 솔 솔   솔 파 미 레   도 도 도

레   레 레   미 도 레   솔 파 미 레   도 도 도

외워서 치지 말고 각 음의 음 자리를 익히면서 천천히 연습하세요.

노랫말을 읽으며 먼저 리듬 연습을 하세요.

29 돌아돌아

이요섭 작사 · 작곡

돌 아 돌 아   돌 아 돌 아   짝   짝   짝

Tip   노랫말을 읽으며 먼저 리듬 연습을 하세요.

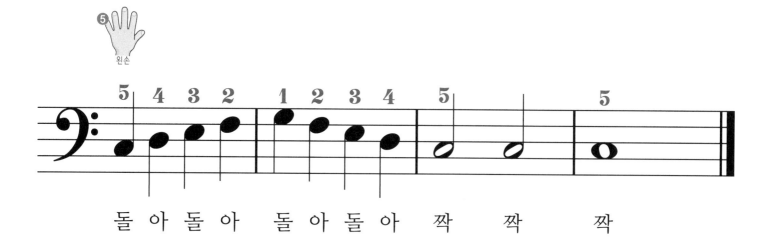

③⓪ 장난감 기차

장 난 감 기 차 가 달 려 옵 니 다

칙 칙 폭 폭 떠 나 갑 니 다

 노랫말을 읽으며 먼저 리듬 연습을 하세요.

31 숲 속 망치소리

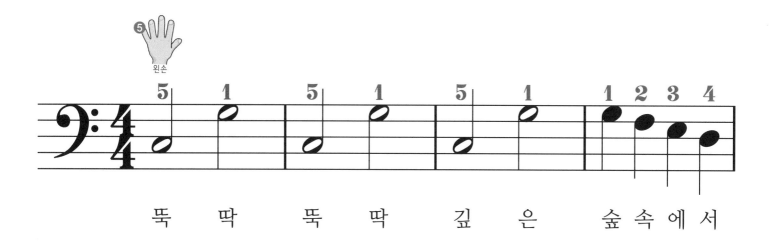

뚝 딱 뚝 딱 깊 은 숲 속 에 서

뚝 딱 뚝 딱 들 려 옵 니 다 뚝 딱

왼손 5번과 1번 손가락을 반복하는 연습입니다. 둥근 왼손 모양을 만드는 중요한 연습입니다.

노랫말을 읽으며 먼저 리듬 연습을 하세요.

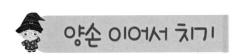

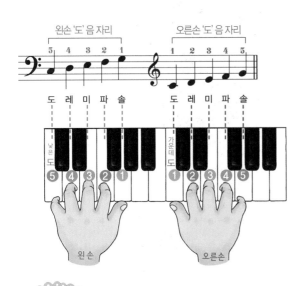

32 가을바람

김규환 작사 · 작곡

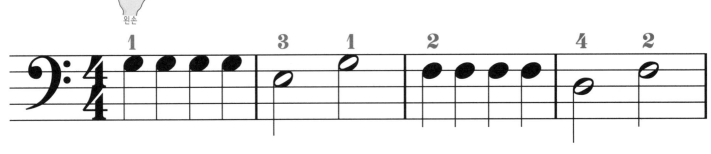

살랑살랑 살 랑   살랑살랑 살 랑

가 을 바 람 살 랑 불 어 옵 니 다

 Tip 노랫말을 읽으며 먼저 리듬 연습을 하세요.

60

33 인사 노래

이 제 가 면 언 제 만 나 새 달 에 새 해 에

아 니 내 일 바 로 내 일 만 나 자 안 – 녕

양손 이어서 칠 때 박자가 느려지지 않도록 주의하세요.

노랫말을 읽으며 먼저 리듬 연습을 하세요.

34 거미

외국 동요

거 미 가 줄 을 타 고 올 라 갑 니 다

거 미 가 줄 을 타 고 올 라 갑 니 다

Tip   노랫말을 읽으며 먼저 리듬 연습을 하세요.

비 가 - 오 면 무너집니 다

거 미가 줄을타고 내려옵니 다

 Tip 양손 이어서 칠 때 박자가 느려지지 않도록 주의하세요.

큰보표 연습

높은음자리보표와 낮은음자리보표를 함께 묶어 놓은 것을
'큰보표'라고 합니다.

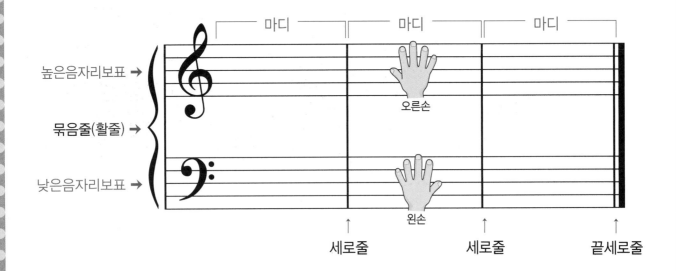

큰보표에서 𝄞부분은 오른손으로 치고, 𝄢부분은 왼손으로 치세요.

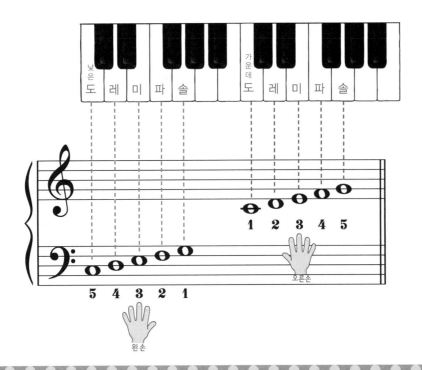

큰보표 양손 주고받기

한 마디 전체 쉴 때
온쉼표를 사용합니다

35 따라가기

도 레 미 파 솔 솔 솔 도 레 미 파 솔 솔 솔

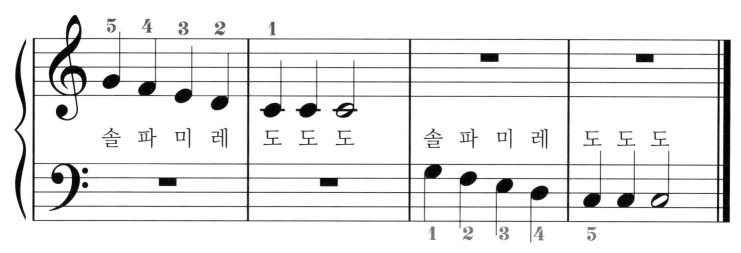

솔 파 미 레 도 도 도 솔 파 미 레 도 도 도

36 귀여운 아기 상어

샥 샥 샥 샥 | 샥 샥 샥 | 아 기 상 어 | 다

1 | 1 3 | 3 2 | 1

2 | 2 3 4 | 3 4 3 2 | 1

샥 샥 샥 샥 | 샥 샥 샥 | 잘 - 놀 지 | 요

한 마디를 쉴 때는 온쉼표 ▬ 를 사용합니다.

노랫말을 읽으며 먼저 리듬 연습을 하세요.

37 롤러코스터

올 라 갔 다　내 려 오 는　롤 러 코 스　터

빙 글 빙 글　빙 글 도 는　롤 러 코 스　터

Tip　노랫말을 읽으며 먼저 리듬 연습을 하세요.

38 바둑이 방울

김규환 작사 · 작곡

달랑달랑 달 랑 달랑달랑 달 랑

바둑이 방 울 잘 도 울 린 다

39 나는 기쁘다

외국 곡

나 는 - 기 쁘 다　나 는 - 기 쁘 다

나 는 - 기 쁘 다　정 말 기 쁘 다

38번 '바둑이 방울' 노래와 이어서 연주해 보세요.

쉼표가 있는 페이지

다른 그림을 8군데를 찾아보세요.

쉬운 EASY
베스트 뉴바이엘
이론공부 ①

차례

높은음자리표

 높은음자리표

 🌸 그리는 순서

🌸 높은음자리표를 따라서 그려 보세요.

🌸 따라서 그리고, □ 안에 이름을 써 보세요.

높	은	음	자	리	표
높	은	음	자	리	표

높은음자리표 그리기

← 둘째줄

높은음자리표는 오선의 둘째줄부터
그리기 시작합니다.

 높은음자리표를 잘 그릴 수 있도록 따라서 그려 보세요.

 # 가운데 도

 '도' 자에 색칠해 보세요.

도는 도깨비의 도~~

 계이름을 따라서 쓰고, 맞는 건반과 줄로 이어 보세요.

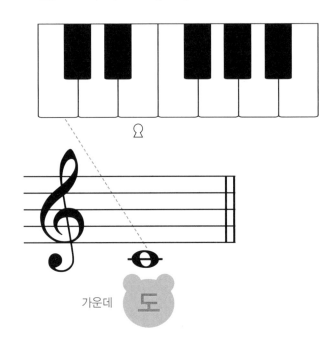

 점선을 따라서 가운데 '도' 음을 그리고, 계이름을 써 보세요.

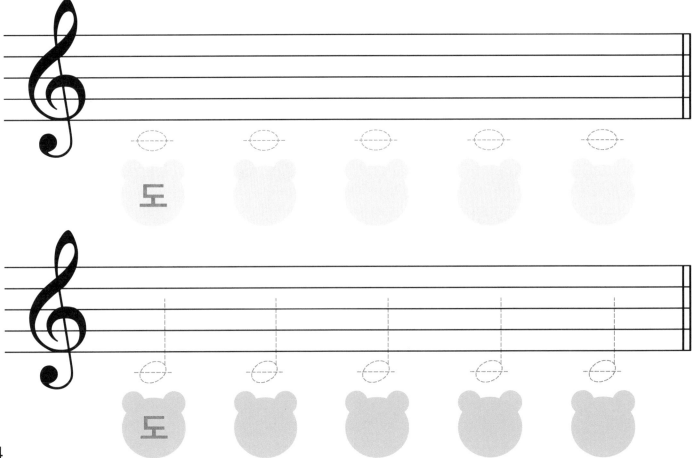

가운데 레

 '레' 자에 색칠해 보세요.

레는 레인보우 레~~

 계이름을 따라서 쓰고, 맞는 건반과 줄로 이어 보세요.

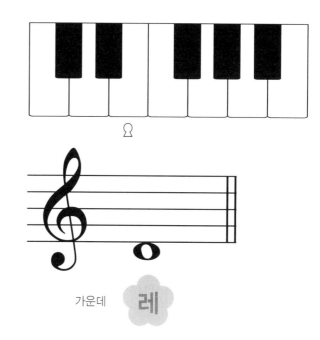

가운데 레

 점선을 따라서 가운데 '레' 음을 그리고, 계이름을 써 보세요.

레

레

 # 가운데 미

 '미' 자에 색칠해 보세요.

미는 미나리의 미~~

계이름을 따라서 쓰고, 맞는 건반과 줄로 이어 보세요.

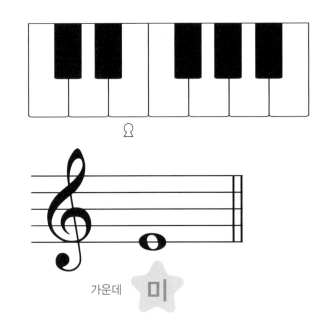

가운데 미

점선을 따라서 가운데 '미' 음을 그리고, 계이름을 써 보세요.

가운데 도·레·미

❀ 계이름에 맞도록 높은음자리표와 음을 따라서 그리고, 맞는 건반에 색칠해 보세요.

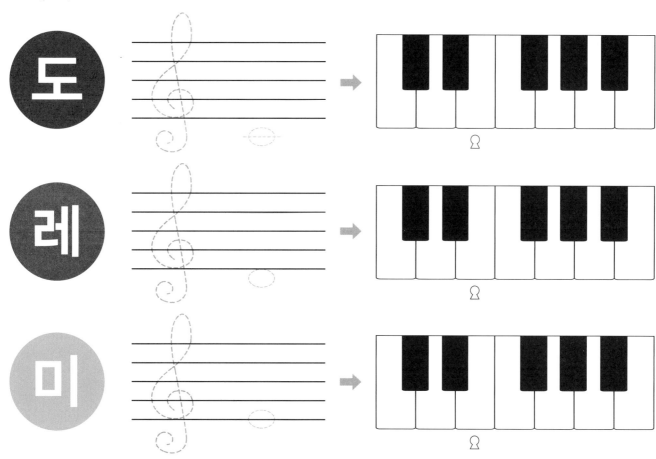

❀ 맞는 건반과 줄로 이어 보세요.

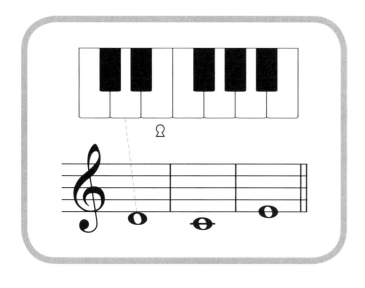

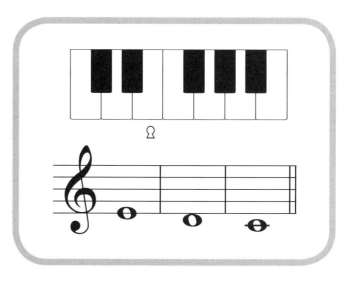

가운데 파

 '파' 자에 색칠해 보세요.

파는 파랑새의 파~~

 계이름을 따라서 쓰고, 맞는 건반과 줄로 이어 보세요.

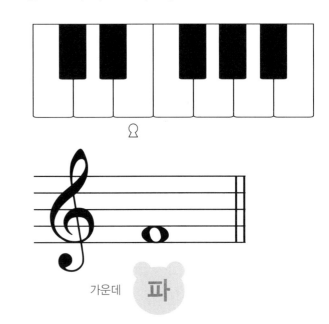

가운데 파

 점선을 따라서 가운데 '파' 음을 그리고, 계이름을 써 보세요.

파

파

가운데 솔

 '솔' 자에 색칠해 보세요.

솔은 솔바람의 솔~~

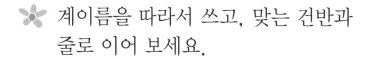 계이름을 따라서 쓰고, 맞는 건반과 줄로 이어 보세요.

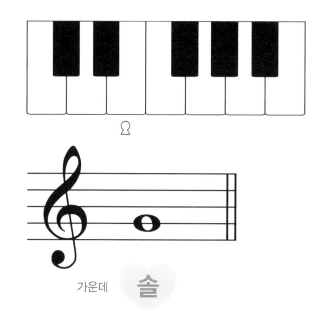

가운데 솔

 점선을 따라서 가운데 '솔' 음을 그리고, 계이름을 써 보세요.

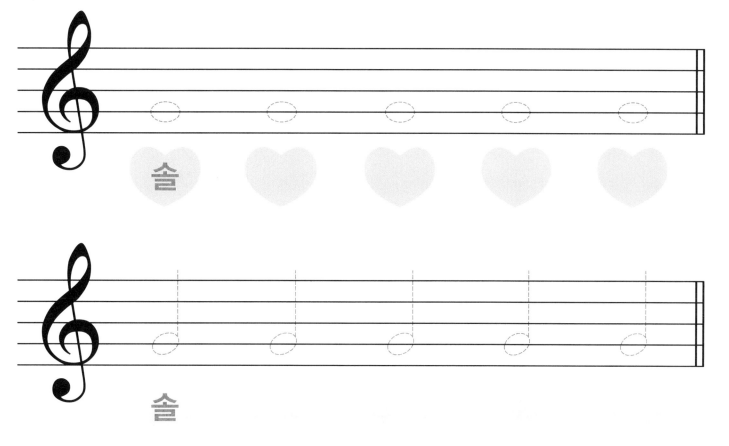

가운데 도~솔

오선에 '도'부터 '솔'까지 그리고, 계이름을 써 보세요.

도　레　미　파　솔

솔　파　미　레　도

계이름을 써 보세요.

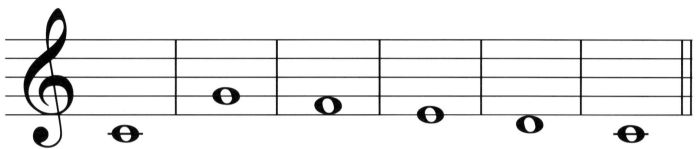

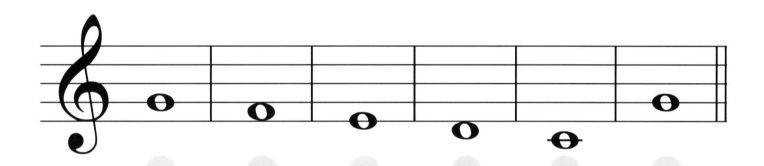

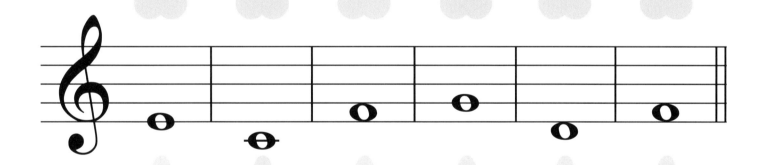

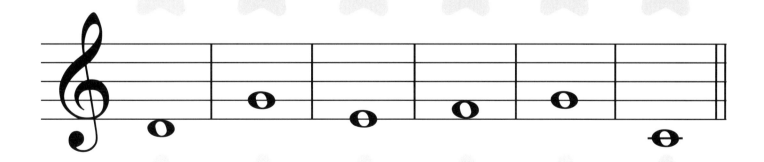

 # 낮은음자리표

 낮은음자리표

🌸 그리는 순서

🌼 낮은음자리표를 따라서 그려 보세요.

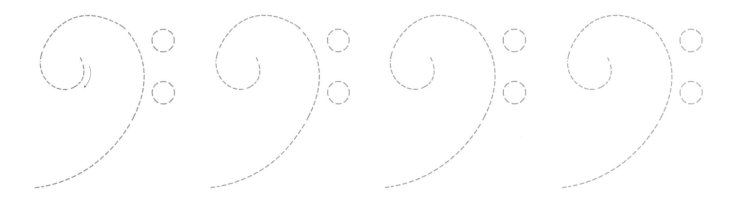

🌸 따라서 그리고, □ 안에 이름을 써 보세요.

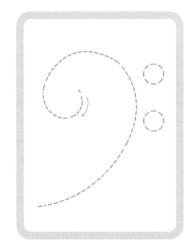

낮	은	음	자	리	표
낮	은	음	자	리	표

낮은음자리표 그리기

← 넷째줄

낮은음자리표는 오선의 넷째줄부터
그리기 시작합니다.

🌸 낮은음자리표를 잘 그릴 수 있도록 따라서 그려 보세요.

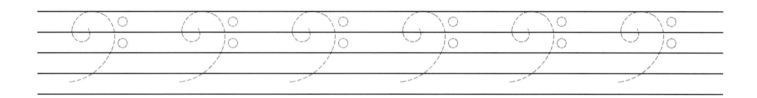

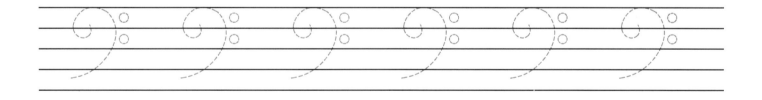

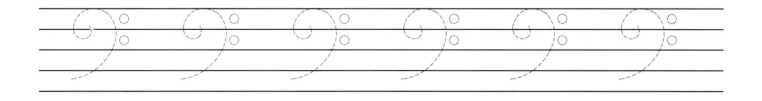

 낮은 도

🌼 낮은 '도' 자에 색칠해 보세요.

도는 도토리의 도~~

🌼 계이름을 따라서 쓰고, 맞는 건반과 줄로 이어 보세요.

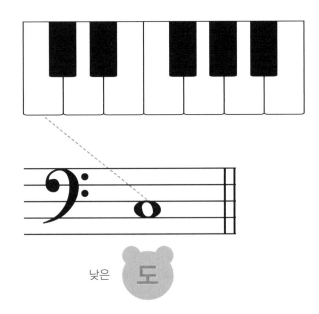

낮은 도

🌼 점선을 따라서 낮은 '도' 음을 그리고, 계이름을 써 보세요.

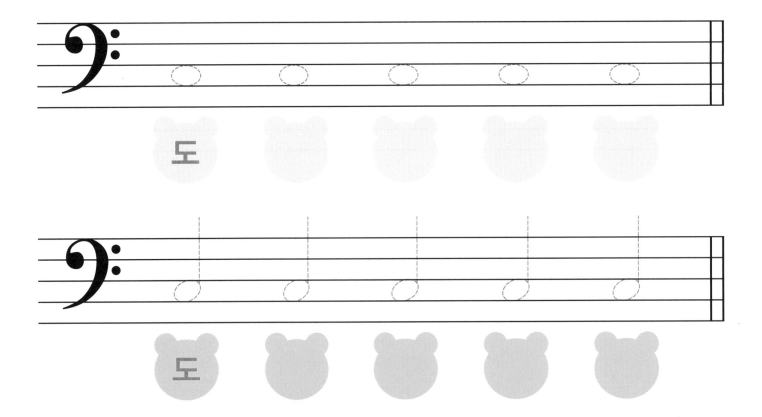

도

도

낮은 레

 낮은 '레' 자에 색칠해 보세요.

낮은
레

레는 레몬의 레~~

 계이름을 따라서 쓰고, 맞는 건반과 줄로 이어 보세요.

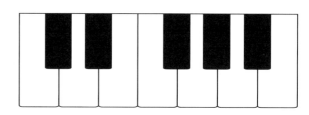

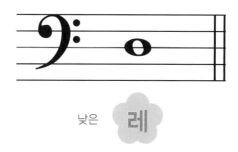

낮은 레

 점선을 따라서 낮은 '레' 음을 그리고, 계이름을 써 보세요.

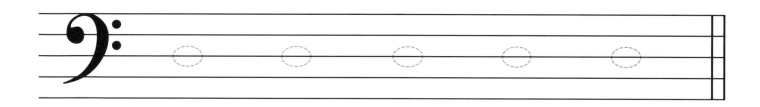

레

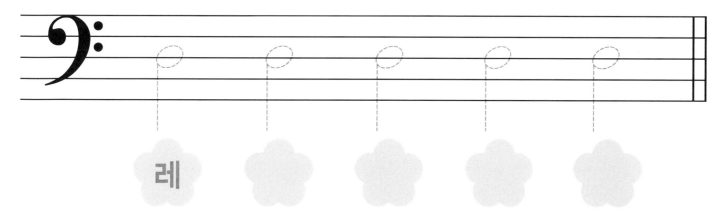

레

낮은 미

❋ 낮은 '미' 자에 색칠해 보세요.

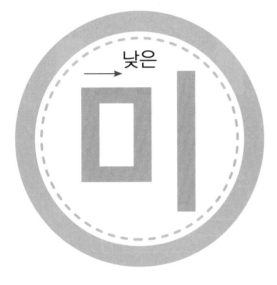

낮은
미

미는 미끄럼틀 미~~

❋ 계이름을 따라서 쓰고, 맞는 건반과 줄로 이어 보세요.

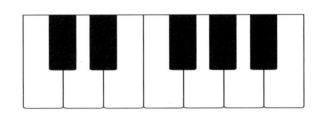

낮은 미

❋ 점선을 따라서 낮은 '미' 음을 그리고, 계이름을 써 보세요.

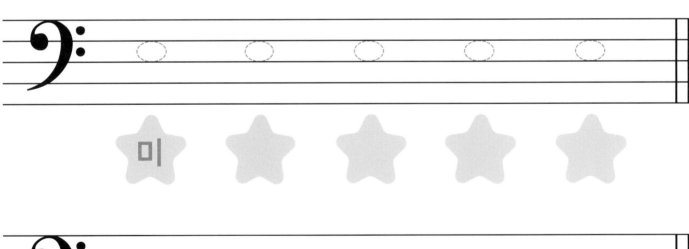

86

낮은 도·레·미

🌸 계이름에 맞도록 낮은음자리표와 음을 따라서 그리고, 맞는 건반에 색칠해 보세요.

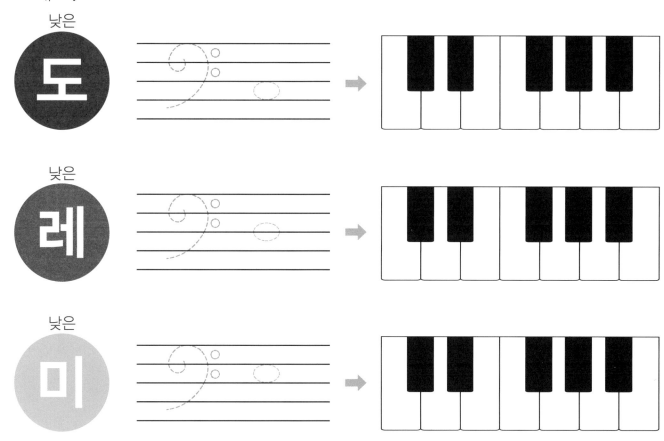

🌼 맞는 건반과 줄로 이어 보세요.

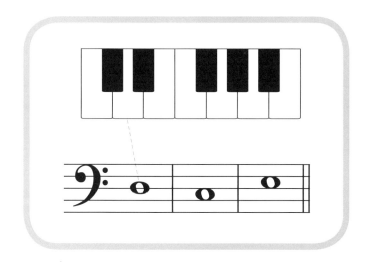

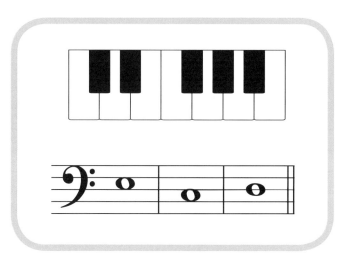

낮은 파

 낮은 '파' 자에 색칠해 보세요.

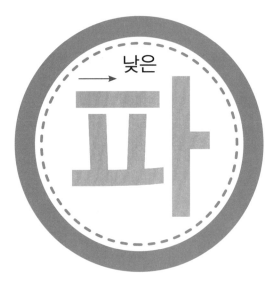

낮은
→ 파

파는 파라솔의 파~~

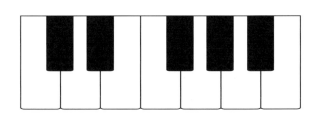 계이름을 따라서 쓰고, 맞는 건반과 줄로 이어 보세요.

낮은 파

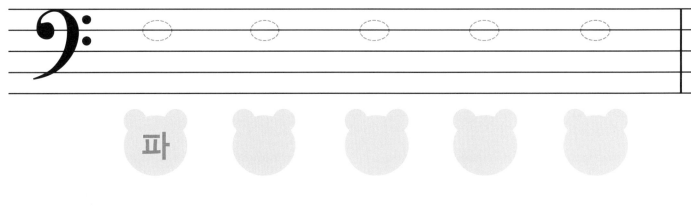 점선을 따라서 낮은 '파' 음을 그리고, 계이름을 써 보세요.

파

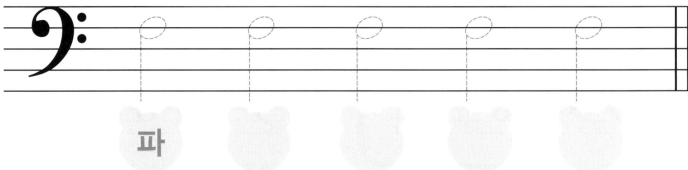

파

 # 낮은 솔

 낮은 '솔' 자에 색칠해 보세요.

낮은
솔

솔은 솔바람의 솔~~

계이름을 따라서 쓰고, 맞는 건반과 줄로 이어 보세요.

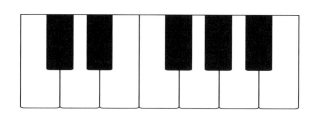

낮은   솔

점선을 따라서 낮은 '솔' 음을 그리고, 계이름을 써 보세요.

솔

솔

낮은 도~솔

 오선에 낮은 '도'부터 '솔'까지 그리고, 계이름을 써 보세요.

도　　레　　미　　파　　솔

솔　파　미　레　도

알맞은 계이름을 써 보세요.

계이름 쓰기

🌸 알맞은 계이름을 써 보세요.

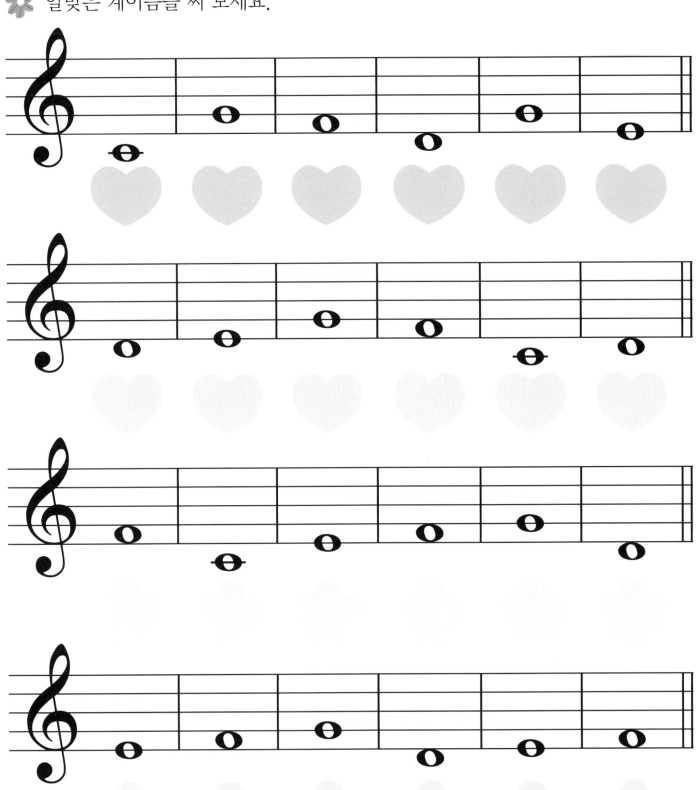

 ## 𝄢 계이름 쓰기

 알맞은 계이름을 써 보세요.

발행일 2025년 2월 20일

발행인 남 용

편저자 일신음악연구회

발행처 일신서적출판사

주 소 서울시 마포구 독막로 31길 7

등 록 1969년 9월 12일 (No.10-70)

전 화 (02)703-3001~5 (영업부)

  (02)703-3006~8 (편집부)

F A X (02) 703-3009

I S B N 978-89-366-2879-6 94670

I S B N 978-89-366-2878-9 (세트)

수료증

축 하 합 니 다

이 름 ～～～～～～～

위 어린이는 쉬운 EASY 베스트 뉴 바이엘 ❶ 과정을

마쳤으므로 이 수료증을 드립니다.

축하합니다!

이어서 쉬운 EASY 베스트 뉴 바이엘 ❷ 를 시작하세요.

～～～～ 년 ～～ 월 ～～ 일

선생님 ～～～～～～～～

내 맘대로 스티커 ❶

이름